AF358322

1913. Décembre 15 | 869 | *Chambre des Commissaires-Priseurs
Envoi à la Bibliothèque Nationale*

CATALOGUE

DES

DESSINS, GRAVURES, PASTELS

TABLEAUX ANCIENS & MODERNES

Argenterie, Bijoux

OBJETS DE VITRINE, PORCELAINES

BRONZES

BELLE GARNITURE DE CHEMINÉE Mon DENIÈRE

MEUBLES DE STYLE

Ameublement de Salle à manger Henri II

Chambre à coucher Louis XVI, Tables, Bureaux, Vitrines

Petits Meubles de fantaisie

SIÈGES DIVERS

Ameublement de Salon recouvert de tapisserie d'Aubusson

Étoffes, Tentures

BEAUX TAPIS D'ORIENT

DONT LA VENTE AURA LIEU

HOTEL DROUOT — SALLE N° 7

Le Lundi 15 Décembre 1913

A DEUX HEURES

Mᵉ G. FRANÇOIS	**M. R. BLÉE**
COMMISSAIRE-PRISEUR	EXPERT PRÈS LE TRIBUNAL CIVIL
23, Rue Le Peletier, 23	3, Rue du Helder, 3

EXPOSITION PUBLIQUE

Le Dimanche 14 Décembre 1913, de 2 heures à 6 heures

C. CHAUFOUR, IMPRIM.
6-8, RUE MILTON, PARIS

CONDITIONS DE LA VENTE

La vente aura lieu expressément au comptant.

Les acquéreurs paieront dix pour cent en sus des enchères.

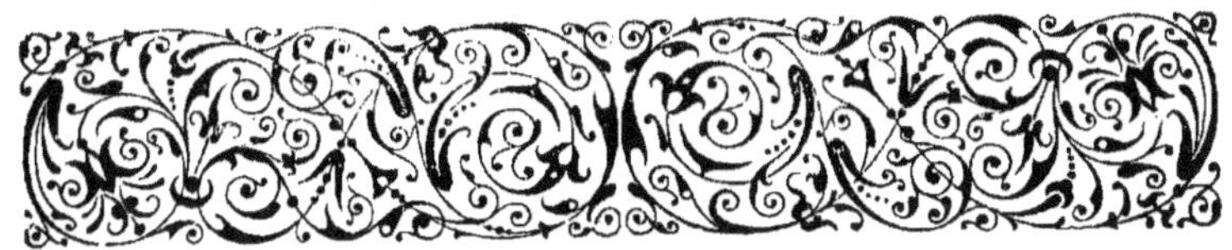

DÉSIGNATION

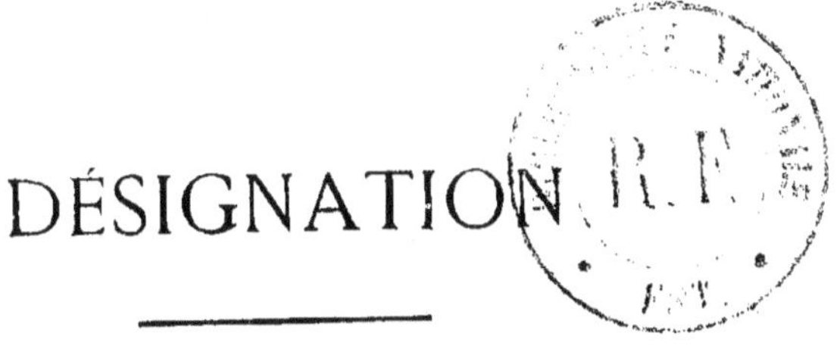

GRAVURES, DESSINS, PASTELS
TABLEAUX ANCIENS ET MODERNES

1 — Cinq reproductions de gravures dans trois cadres.

2 — Six dessins aux crayons de couleurs : portraits.

3 — Six autres dessins aux crayons de couleurs : portraits.

4 — Deux dessins humoristiques.

5 — Pastel : Marine, E. B. 88.

6 — Gravure anglaise en couleurs : Jeune femme.

ECOLE ITALIENNE

7 — Enfant.

ECOLE ANGLAISE

8 — Tête de femme.

ECOLE ESPAGNOLE

9 — Tête d'enfant.

ECOLE ESPAGNOLE

10 — Femmes nues.

ECOLE FRANÇAISE

11 — Portrait de femme en collerette.

> Toile ovale.

ECOLE FRANÇAISE XIXe SIÈCLE

12 — Portrait de jeune femme. Pastel.

ECOLE FRANÇAISE MODERNE

13 — Vue d'Orient.

ECOLE FRANÇAISE DU XVIIIe SIECLE (Genre de

14 — Portrait de fillette en chapeau et un manchon.

ECOLE FRANÇAISE MODERNE

15 — Jeune femme lisant. Panneau.

La Ménagère. Petit panneau.

Le Petit Savoyard. Toile.

16 — Paysage animé. Carton.

Vue de Saint-Malo le soir. Panneau.

DIVERS

17 — Paysage.

> Cadre en bois sculpté.

18 — Baigneuses et amour sous bois.

19 — Vue de Constantinople.

20 — Fleurs.

> Cadre intérieur ovale.

21 — Femmes cueillant des fleurs.

ANTIGNA

22 — Jeune Bretonne. Toile signée.

GOLAY (L.) (1894

23 — Fleurs. Toile.

LA BOULAYE (P.)

24 — Sourire. Toile signée.

MARINNO

25 — Vue de Venise.

PELLEGRINI

26 — Fleurs dans un vase en cuivre. Toile.

27 — Fleurs dans un vase en grès. Toile.

PELLEGRINI

28 — Le Hameau. Toile.

QUINET (1864)

29 — Paysage animé.

ARGENTERIE, BIJOUX

30 — Flacon à liqueurs en cristal taillé.

31 — Service à thé en métal blanc comprenant : un plateau,
un sucrier, un pot à crème, une théière et une cafetière.

32 — Petit pendentif métal orné de turquoises et de grenats.

33 — Miroir face à main en argent repoussé à têtes d'anges.

34 — Deux pendentifs-médaillons en or émaillé.

35 — Deux colliers en corail, fermoir en or.

36 — Grand peigne orné de corail, époque Empire. Epingle de cravate en or et corail sculpté.

37 — Deux bracelets-gourmettes en argent doré.

38 — Un bracelet porte-bonheur en argent. Bracelet souple en argent avec montre acier. Boîte à allumettes en argent à fleurs de lys. Collier à lamelles en argent.

39 — Bracelet hongrois en argent doré et pierres de couleurs.

40 — Collier Saint-Esprit en argent et strass.

41 — Deux bracelets en cheveux, fermoir en or.

42 — Deux bracelets porte-bonheur en or ciselé et ajouré.

43 — Deux bracelets porte-bonheur en or uni.

44 — Bracelet porte-bonheur en or à rosace, orné d'un petit brillant et de roses.

45 — Bracelet porte-bonheur en or jaune, orné d'une perle baroque et de roses.

46 — Médaillon pendentif en jais orné d'une étoile en or, d'une perle et demi-perle.

47 — Broche en argent doré ornée d'une miniature, amour. Broche flèche en or, lapis et roses. Broche-agrafe en argent doré, cristal bleu et demi-perles.

48 — Petite croix ancienne en argent et roses.

49 — Deux fermoirs ornés de plaquettes de nacre à devises, XVIIIe siècle.

50 — Boutons de manchettes doubles en or et scarabées en lapis.

51 — Collier en fausses perles, fermoir or.

52 — Epingle de cravate en or forme fer à cheval pavé de brillants.

52 bis — Manteau de dame en fourrure.

OBJETS DE VITRINE. PORCELAINES

53 — Jumelle pliante en nacre.

54 — Bonbonnière en porcelaine décorée : Sujet galant, et deux petits flacons à parfums porcelaine bleue.

55 — Deux statuettes de Glaneuses, en porcelaine décorée.

56 — Deux statuettes d'homme et de femme assis, porcelaine décorée.

57 — Buste de jeune femme en chapeau, en marbre de Florence sculpté.

58 — Deux petits bouts de table en bronze de style Louis XV, une poire à poudre en métal, et un étui à cigare en cuir.

59 — Service à thé en porcelaine reticulée.

60 — Coffret à bijoux en cuir doré au petit point.

61 — Deux candélabres en porcelaine d'Allemagne décorée, à cinq lumières.

62 — Un autre candélabre analogue.

63 — Deux verres à bière, décor de GALLÉ.

64 — Jardinière en faïence à fond bleu, décorée de guirlandes fleuries.

65 — Deux vases art nouveau en métal blanc, montés en lampes.

66 — Statuette en porcelaine d'Allemagne : Femme portant des Amours dans une corbeille.

67 — Groupe en porcelaine d'Allemagne : Homme et femme dansant.

68 — Buste de jeune femme en terre cuite. Signé de MORIO.

68 *bis* — Autre buste de jeune femme en terre cuite.

BRONZES, GARNITURES DE CHEMINÉES

69 — Deux motifs de meuble en bronze ciselé et doré.

70 — Encrier en bronze, orné d'un oiseau et de fleurs en porcelaine décorée.

71 — Lampe à pétrole en bronze argenté, de style art nouveau.

72 — Paire de girandoles à quatre lumières, en bronze argenté.

73 — Deux chandeliers en cuivre ciselé, style Louis XV.

74 — Bougeoir trotteur, sonnette en cuivre.

75 — Statuette bronze : Le Mime.

76 — Coupe en forme de feuille de nénuphar, ornée d'une figure de femme, bronze ciselé et doré.

77 — Taureau et vache, deux bronzes à patine verte.

78 — Plaque aux trois enfants, représentant La Culture, La Chasse et La Pêche.

79 — Trois cendriers et six porte-allumettes en bronze.

80 — Deux petits bustes en bronze : Jean qui pleure et Jean qui rit.

81 — Petit renard en bronze, patine verte.

82 — Paire de bougeoirs en bronze doré, montés pour l'électricité.

83 — Paire d'appliques en bronze doré, de style Louis XVI, montées pour l'électricité.

84 — Hallebarde en fer forgé. Style Renaissance.

85 — Plafonnier électrique bronze et cristaux, de style Louis XVI.

86 — Lustre plafonnier électrique, bronze et verre opalin.

87 — Suspension de salle à manger à cinq lumières, (gaz renversé), en bronze doré.

88 — Deux coupes à piédouche en bronze ciselé, à anses formées de liormes.

89 — Pendule en bronze doré à sujet : Le Jeune savoyard.

90 — Pendule en bronze doré, surmontée d'une statuette de petit Jardinier.

91 — Pendule et deux petits flambeaux en biscuit, de style Louis XVI, monture bronze.

92 — Pendule-borne en marbre noir, ornée de plaquettes à décor d'attributs de chasse et surmontée d'un cheval : Arabian étalon. Signé LENORDEY.

93 — Pendule et deux candélabres en marbre rouge et bronze.

94 — Garniture de cheminée en marbre rouge et bronze ciselé et doré ; sujet : La Source, en bronze patiné, de MATH. MOREAU. (Maison COLIN).

95 — Grande pendule en bronze ciselé et doré, ornée de trois Amours assis sur des rinceaux. Style Louis XVI.

96 — Importante garniture de cheminée en bronze ciselé et doré, ornée d'Amours en bronze patiné, figurant les Quatre Saisons ; comprenant une pendule et deux candélabres à neuf lumières. Style Louis XV. (Maison DENIÈRE).

MEUBLES

97 — Colonne en noyer.

98 — Écran en bois peint, à feuille de soierie brodé.

99 — Table-bouillotte, décor chinois sur fond rouge ; dessus marbre et galerie.

100 — Encoignure en acajou à deux portes, marbre gris.

101 — Desserte à deux plateaux cannés et laques.

102 — Table à ouvrage marquetée de forme rognon à trois tiroirs.

103 — Petit chiffonnier en acajou avec tiroirs et deux portes pleines, dessus marbre et galerie style Louis XVI.

104 — Vitrine bibliothèque en acajou à deux portes vitrées, dessus marbre noir rayé blanc.

105 — Petit guéridon à un pied central, dessus marbre blanc et galerie.

106 — Grand paravent à quatre feuilles recouvert de tapisserie verdure et soierie verte.

107 — Bibliothèque en acajou à trois portes grillagées ornées de bronze, style Empire.

108 — Vitrine en acajou ciré ouvrant à une porte, fond de soierie vert clair, tablettes en glace. Style Louis XVI.

109 — Paravent de style Louis XVI en bois doré à trois feuilles, garnie d'étoffe jaune et orné au milieu d'une glace et de lithographies de chaque côté.

110 — Autre paravent analogue, garni d'étoffe verte à fleurs.

111 — Casier à musique formant petit meuble en bois de rose et marqueterie de style Louis XVI.

112 — Table à thé à deux plateaux en marqueterie et palissandre ornée de bronzes. Style Louis XV.

113 — Deux petites commodes jumelles ouvrant à trois tiroirs, dessus marbre rouge, en acajou et marqueterie. Style Louis XVI.

Sera divisé

114 — Meuble d'encoignure en marqueterie à filets cuivre, dessus marbre rouge. Style Louis XVI.

115 — Guéridon rond en bois doré à dessus de marbre. Style Louis XV.

116 — Console en bois doré à dessus marbre, avec d'une glace à cadre doré. Style Louis XVI.

117 — Petite console et sa glace en bois doré. Style Louis XVI.

118 — Petit guéridon doré, dessus marbre.

119 — Guéridon rond en bois de rose et marqueterie de style Louis XVI.

120 — Petit bureau galbé en marqueterie. Style Louis XV.

121 — Petit bureau de dame à tiroir et casier supérieurs en bois de rose et marqueterie de bois de placage. Style Louis XVI.

122 — Chiffonnier semainier ou bois de rose et marqueterie, dessus marbre. Style Louis XVI.

123 — Commode à quatre tiroirs de travail, analogue au précédent numéro.

124 — Piano droit en bois noir verni, orné de bronzes, de la maison KULERICH.

125 — Lit de style Louis XVI, laqué gris décoré de peintures bleues.

126 — Buffet à deux corps à crédence ouvrant à cinq portes en noyer sculpté de style Renaissance.

127 — Pannetière en noyer sculpté de style Renaissance.

128 — Table de salle à manger en noyer sculpté.

129 — Ameublement de salle à manger de style Renaissance en noyer sculpté comprenant : buffet, desserte, table et six chaises cannées.

130 — Ameublement de salle à manger en noyer sculpté de style Renaissance comprenant : un buffet à deux corps et à niche dans la partie supérieure, une table et six chaises.

131 — Glace de salle à manger en noyer sculpté de style Renaissance.

132 — Ameublement de chambre à coucher en bois de placage clair et marqueterie comprenant une armoire à glace à deux portes, lit de milieu et table de nuit. Style Louis XVI.

SIÈGES. AMEUBLEMENTS DE SALON

133 — Tabouret rectangulaire de style Louis XIII, recouvert de tapisserie à fleurs sur fond sombre.

134 — Fauteuil en bois sculpté de style Louis XIII, recouvert de velours rouge à fleurs.

135 — Petit fauteuil à dossier sculpté, siège paille avec coussin de soierie à fleurs et rayures.

136 — Fauteuil en noyer sculpté de style Louis XVI recouvert d'étoffe à rayures.

137 — Deux chaises cannées en bois doré. Style Louis XVI.

138 — Deux fauteuils en bois sculpté laqué gris et canné, de style Louis XV.

139 — Petit fauteuil à dossier bas, en noyer sculpté, recouvert de soierie brochée. Style Louis XIV.

140 — Canapé, deux fauteuils et deux chaises en bois sculpté et doré, recouverts d'étoffe a fleurs. Style Louis XV.

141 — Canapé, deux fauteuils et deux chaises en bois sculpté et peint et soierie rose. Style Louis XV.

142 — Un canapé, deux fauteuils et deux chaises en bois doré, recouverts d'étoffe à fleurs sur fond crème. Style Louis XV.

143 — Salon comprenant un canapé et quatre fauteuils en bois sculpté peint en gris rehaussé d'or, recouvert en tapisserie d'Aubusson à décor de bouquets de fleurs. Style Louis XV.

ÉTOFFES — TENTURES
TAPIS D'ORIENT

144 — Grand châle des Indes à fond rouge.

145 — Châle des Indes à fond rouge.

146 — Sept coussins en soieries brodées.
    Ce lot sera divisé.

147 — Tapis moquette à fleurs sur fond rouge.

148 — Carpette en moquette.

149 — Deux descentes de lit.

150 — Six rideaux en soie brochée à fleurs sur fond jaune.

151 — Tapis-galerie d'Orient à quatre médaillons sur fond rouge.
                                              $2^m 80 \times 1^m 25$.

152 — Grande carpette en moquette.

153 — Huit échantillons de soieries velours de Gênes.
    Sera divisé.

154 — Lambrequins de style Louis XV brodés sur satin vert et rose.

155 — Deux lambrequins de style Louis XVI en soie blanche.

156 — Paire de rideaux en satin vert doublés de soie.

157 — Paire de rideaux avec lambrequins en drap rouge et passementeries.

158 — Trois lambrequins en velours bleu et passementeries. Style Renaissance.

159 — Tapis à haute laine à dessin bleu et rouge sur fond crème.

$3^m90 \times 3^m$.

160 — Tapis à haute laine, dessin bleu et rouge sur fond vert pâle.

$3^m93 \times 2^m$.

161 — Tapis Schoumack fond bleu, bordure et dessin polychrome.

162 — Tapis d'Orient à dessin et bordure polychromes.

163 — Tapis persan à dessins géométriques sur fond rouge, bordure quadruple de différentes couleurs.

$1^m10 \times 1^m25$.

164 — Tapis persan de prière à fond rouge quadrillé de blanc, décoré de fleurettes polychromes, bordure blanche et noire à dessins variés.

$1^m35 \times 1^m$.

165 — Tapis de prière à Mehrab rouge à dessins et bordure polychrome.

$1^m65 \times 1^m30$.

166 — Tapis de prière persan à fond crème, parsemé de fleurettes de toutes couleurs. Belle bordure.

167 — Tapis persan à fond crème, orné de dessins réguliers avec fleurettes au centre, quadruple bordure polychrome.

$1^m45 \times 1^m20$.

168 — Tapis Schoumack à fond rouge, orné de grands dessins symétriques bleus, blancs, jaunes et verts, encadrement jaune et bleu à motifs polychromes.

$3^m \times 2^m$.

169 — Tapis d'Orient de galerie, à fond blanc, orné de jolis dessins roses, verts et bleus, bordure polychrome et encadrement havane.

$3^m \times 1^m 50$.

170 — Tapis persan orné au milieu d'un losange polychrome sur fond jaunâtre à dessins rouges, bordure polychrome.

$1^m 85 \times 1^m$.

171 — Petit tapis persan de galerie à fond gros bleu orné d'étoiles polychromes, bordure rouge et blanche à dessins variés.

$1^m 50 \times 1^m 80$.

172 — Petit tapis à fond havane, dessin et bordure polychromes.

$1^m 25 \times 0^m 65$.

173 — Petit tapis de Bouckara à fond rouge, dessins noirs et blancs.

$1^m 25 \times 0^m 40$.

174 — Tapis d'Orient à fond rouge, orné de trois dessins bleus en forme de croix, encadrement polychrome.

$1^m 95 \times 1^m 50$.

175 — Tapis d'Orient de galerie à dessin régulier sur fond bleu foncé.

$3^m 50 \times 1^m 80$.

176 — Tapis persan de galerie à fond bleu foncé à décor de dessins réguliers de toutes couleurs.

$2^m 50 \times 1^m 40$.

177 — Tapis persan à fond rouge décoré de trois losanges et d'une bordure polychromes.

$1^m 65 \times 1^m 10$.

178 — Tapis persan à fond bleu foncé, décoré de grandes palmettes et d'un encadrement polychromes.

$1^m75 \times 1^m25$.

179 — Tapis de galerie Hamadan, fond bleu foncé, orné d'hexagones de diverses couleurs.

$3^m50 \times 1^m60$.

180 — Tapis persan à fond bleu foncé décoré de palmettes de toutes couleurs, bordure polychrome.

$1^m50 \times 1^m15$.

181 — Tapis persan à fond bleu décoré de palmettes et d'une bordure polychromes.

$1^m90 \times 1^m05$.

182 — Grand tapis de Smyrne à fond crème, dessin polychrome.

$3^m90 \times 3^m$.

183 — Grand tapis de Smyrne à fond vert pâle, dessin et bordure polychromes.

$3^m90 \times 2^m$.

184 — Objets omis.

www.ingramcontent.com/pod-product-compliance
Lightning Source LLC
LaVergne TN
LVHW021904180726
843502LV00008B/2860